LIBRO RECOMENDADO

Jarosław Jankowski

¿Sabes quién eres?
Una guía por los 16 tipos de personalidad ID16™©

¿Por qué somos tan diferentes? ¿Por qué asimilamos la información de forma distinta, descansamos de otra manera, tomamos decisiones de otra forma y organizamos de manera diferente nuestra vida?

«¿Sabes quién eres?» te permitirá comprenderte mejor a ti mismo y a los demás. El test ID16 ™© incluido en el libro te ayudará a determinar tu tipo de personalidad, ofreciéndote una valiosa introspección.

Tu tipo de personalidad:
Administrador
(ESTJ)

Tu tipo de personalidad:
Administrador
(ESTJ)

JAROSŁAW JANKOWSKI

LOGOS MEDIA

Tu tipo de personalidad: Administrador (ESTJ)

Esta publicación puede ayudarte a utilizar mejor tu potencial, a crear relaciones saludables con otras personas y a tomar buenas decisiones en lo relativo a la educación y la carrera profesional. Sin embargo, en ningún caso debería ser tratada como un sustituto de una consulta psicológica o psiquiátrica especializada. El autor y el editor no asumen la responsabilidad por los eventuales daños resultantes de un uso indebido de este libro.

ID16™© es una tipología de la personalidad original. No se la debe confundir con las tipologías y los test de personalidad de otros autores o instituciones.

Título original: Twój typ osobowości: Administrator (ESTJ)

Traducción del idioma polaco: Ángel López Pombero, Lingua Lab, www.lingualab.pl

Redacción: Xavier Bordas Cornet, Lingua Lab, www.lingualab.pl

Redacción técnica: Zbigniew Szalbot

Editor: LOGOS MEDIA

ISBN (versión impresa): 978-83-7981-170-0

ISBN (EPUB): 978-83-7981-171-7

ISBN (MOBI): 978-83-7981-172-4

Índice

Prólogo

Tu tipo de personalidad: Administrador (ESTJ) es un extraordinario compendio de conocimiento acerca del *administrador*, uno de los 16 tipos de personalidad ID16™©.

Esta guía es parte de la serie ID16™©, formada por 16 libros dedicados a los diferentes tipos de personalidad. De forma exhaustiva y clara responden a las siguientes preguntas:

- ¿Qué piensan y sienten las personas que pertenecen a un determinado tipo de personalidad? ¿Cómo toman las decisiones? ¿Cómo solucionan los problemas? ¿De qué tienen miedo? ¿Qué les irrita?

- ¿Con qué tipos de personalidad se relacionan y cuáles evitan? ¿Qué tipo de amigos, cónyuges, padres son? ¿Cómo los ven los demás?

- ¿Qué predisposiciones profesionales tienen? ¿En qué entorno trabajan de manera más efectiva? ¿Qué profesiones se corresponden mejor con su tipo de personalidad?

- ¿En qué son buenos y en qué deben mejorar? ¿Cómo deben aprovechar su potencial y evitar las trampas?

- ¿Qué personas conocidas pertenecen a un determinado tipo de personalidad?

- ¿Qué sociedad muestra más rasgos característicos de un determinado tipo?

En este libro también encontrarás la información más importante sobre la tipología ID16$^{TM©}$.

Esperamos que te ayude a conocerte mejor a ti mismo y a los demás.

EDITORES

ID16™© entre las tipologías de personalidad de Jung

ID16™© pertenece a la familia de las denominadas tipologías de personalidad de Jung, que hacen referencia a la teoría de Carl Gustav Jung (1875 – 1961), psiquiatra y psicólogo suizo, uno de los principales representantes de la denominada psicología profunda.

Sobre la base de muchos años de estudio y observación, Jung llegó a la conclusión de que las diferencias en las actitudes y las preferencias de las personas no son casuales. Creó la división, bien conocida hoy en día, entre extrovertidos e introvertidos. Además, distinguió cuatro funciones de la personalidad, que forman dos pares de factores contrarios: percepción – intuición y pensamiento – sentimiento. Estableció también que en cada una de estas parejas domina una de las funciones. Jung llegó a la convicción de que las funciones dominantes de cada persona son permanentes e independientes de las condiciones externas y que su resultante es el tipo de personalidad.

En el año 1938 dos psiquiatras estadounidenses, Horace Gray y Joseph Wheelwright, crearon el primer test de personalidad basado en la teoría de Jung, que permitía determinar las funciones dominantes en las tres dimensiones descritas por él: **extroversión – introversión, percepción – intuición** y **pensamiento – sentimiento**. Este test se convirtió en una inspiración para otros investigadores. En el año 1942, también en suelo americano, Isabel Briggs Myers y Katharine Briggs comenzaron a emplear su propio test de personalidad, ampliando el clásico modelo tridimensional de Gray y Wheelwright con una cuarta dimensión: **juicio – percepción**. La mayoría de las tipologías y test de personalidad posteriores, referidos a la teoría de Jung, también toman en consideración esta cuarta dimensión.

Pertenecen a ellas, entre otros, la tipología americana publicada en el año 1978 por David W. Keirsey, así como el test de personalidad creado en Lituania en los años 70 del siglo XX por Aušra Augustinavičiūtė. En las décadas posteriores, investigadores de diferentes partes del mundo fueron tras sus huellas. Ellos crearon otras tipologías con cuatro dimensiones y varios test de personalidad adaptados a las condiciones y necesidades locales.

A este grupo pertenece la tipología de personalidad independiente ID16™©, desarrollada en Polonia por el pedagogo y mánager Jarosław Jankowski. Esta tipología, publicada en la primera década del siglo XXI, también se basa en la teoría clásica de Carl Jung. Al igual que otras tipologías de Jung contemporáneas, se inscribe en la corriente del análisis tetradimensional de la personalidad. En el marco de ID16™© estas dimensiones se llaman las **cuatro tendencias naturales**. Estas tendencias tienen un carácter dicotómico y su imagen proporciona información sobre el tipo de personalidad de la persona. El análisis de la primera tendencia tiene como objetivo determinar la **fuente de energía vital** dominante (el mundo exterior o el mundo interior). El análisis de la segunda tendencia determina la **forma dominante de asimilación de la información** (a través de los sentidos o a través de la intuición). El análisis de la tercera tendencia determina la **forma de toma de decisiones** dominante (según la razón o el corazón). El análisis de la cuarta tendencia determina, sin embargo, el **estilo de vida** dominante (organizado o espontáneo). La combinación de todas estas tendencias naturales da como resultado **16 posibles tipos de personalidad**.

La característica especial de la tipología ID16™© es su dimensión práctica. Esta describe los diferentes tipos de personalidad según se comportan en la acción: en el trabajo, en la vida diaria y en las relaciones con otras personas. No se concentra en la dinámica interna de la personalidad, ni tampoco intenta aclarar teóricamente procesos interiores e invisibles. Más bien se concentra en cómo un determinado tipo de personalidad se manifiesta al exterior y de qué forma influye sobre el entorno. Este acento en el aspecto social de la personalidad aproxima de cierto modo la tipología ID16™© a la tipología de Aušra Augustinavičiūtė anteriormente mencionada.

Cada uno de los 16 tipos de personalidad ID16™© es la resultante de las tendencias naturales de la persona. La inclusión en un determinado tipo no tiene, sin embargo, características evaluativas. Ningún tipo de personalidad es mejor o peor que los otros. Cada uno de los tipos es simplemente diferente y cada uno tiene sus puntos potencialmente fuertes y débiles. ID16™© permite identificar y describir estas diferencias. Ayuda a comprenderse a uno mismo y a descubrir nuestro lugar en el mundo.

Conocer el perfil propio de personalidad permite a las personas aprovechar en su totalidad su potencial y trabajar en las áreas que pueden causarles problemas. Este conocimiento constituye una ayuda inestimable en la vida diaria, en la solución de problemas, en la creación de relaciones sanas con otras personas y en la toma de decisiones acerca de la educación y la carrera profesional.

La determinación del tipo de personalidad no es un proceso de carácter arbitrario y mecánico. Cada persona, como «propietario y usuario de su personalidad» es plenamente competente para determinar a qué tipo pertenece. Su papel en este proceso es, por lo tanto, crucial. Esta autoidentificación puede realizarse analizando las descripciones de los 16 tipos de personalidad y estrechando gradualmente el campo de elección. Sin embargo, se puede elegir un camino más corto: utilizar el test de personalidad ID16™©. También en este caso, el «usuario de la personalidad» tiene un papel primordial, ya que el resultado del test depende exclusivamente de las respuestas del usuario.

La identificación del tipo de personalidad ayuda a conocerse a uno mismo y a los demás; no obstante, no debería ser tratada como una profecía que predestina el futuro. El tipo de personalidad nunca puede justificar nuestras debilidades o nuestras malas relaciones con otras personas (¡aunque puede ayudar a comprender sus motivos!).

En el marco de ID16™© el tipo de personalidad no es tratado como un estado estático, genéticamente determinado, sino como la resultante de características innatas y adquiridas. Este enfoque no quita importancia al libre albedrío, ni tampoco pretende clasificar a las personas. Abre ante nosotros nuevas perspectivas que nos animan a trabajar sobre nosotros mismos, ya su vez estas perspectivas nos muestran las áreas en las que este trabajo es más necesario.

Administrador (ESTJ)

TIPOLOGÍA DE PERSONALIDAD ID16™©

La personalidad a grandes rasgos

Lema vital: *¡Hagamos esa tarea!*

Trabajador, responsable y extraordinariamente leal. Enérgico y decidido. Valora el orden, la estabilidad, la seguridad y las reglas claras. Objetivo y concreto. Lógico, racional y práctico. Es capaz de asimilar una gran cantidad de información detallada.

Organizador perfecto. No tolera la ineficiencia, el despilfarro ni la pereza. Fiel a sus convicciones y directo en los contactos. Presenta sus puntos de vista de forma decidida y expresa abiertamente opiniones críticas, por lo que en ocasiones hiere inconscientemente a otras personas.

Tendencias naturales del *administrador*:

- Fuente de energía vital: mundo exterior.
- Asimilación de información: sentidos.
- Toma de decisiones: razón.
- Estilo de vida: organizado.

Tipos de personalidad similares:

- *Animador*
- *Inspector*
- *Pragmático*

Datos estadísticos:

- Los *administradores* constituyen el 10-13% de la sociedad.
- Entre los *administradores* predominan los hombres (60%).
- Un país que se corresponde con el perfil del *administrador* son los Estados Unidos [1].

Código literal:

El código literal universal del *administrador* en las tipologías de personalidad de Jung es ESTJ.

---

[1] Esto no quiere decir que todos los habitantes de los EE. UU. pertenezcan a este tipo de personalidad, sino que la sociedad estadounidense, en su conjunto, tiene muchas características del *administrador*.

Características generales

Los *administradores* son decididos, seguros de sí mismos y rebosan energía. Son extraordinariamente fieles a sus convicciones y afrontan la vida con sentido común. No se preocupan por teorías abstractas, conjeturas ni divagaciones. Les interesan los hechos, las cosas concretas y las pruebas.

Percepción y pensamientos

Observan continuamente el entorno buscando síntomas de ineficiencia y despilfarro. La conciencia de posibles mejoras les motiva a actuar. Les resulta extraordinariamente difícil implicarse en una acción que no conduzca a la solución de problemas concretos y tangibles. Normalmente se muestran escépticos ante nuevas ideas, especulaciones sobre posibilidades potenciales o teorías que no pueden aplicarse en la práctica. No les gustan demasiado los experimentos. Prefieren los métodos de actuación revisados y comprobados. Si deben tomar una decisión acerca del futuro, normalmente lo hacen basándose en sus experiencias anteriores (o en las experiencias de otras personas).

Cuando se proponen implicarse en algo, normalmente realizan un reconocimiento preciso de la situación y dedican mucho tiempo a recopilar datos que les interesan. Intentan conseguir toda la información posible para seleccionar la mejor opción.

Los *administradores* expresan abiertamente sus opiniones. Si algo no les gusta, lo dicen. Normalmente están convencidos de sus motivos o razones. Suponen que las demás personas no tienen demasiado que ofrecerles, por eso no dan mucha importancia a sus opiniones y pareceres.

A los ojos de los demás

Son percibidos por los demás como personas decididas, trabajadoras y responsables. Sin embargo, a muchos les intimida o les irrita su franqueza, la seguridad en sí mismos y su forma de vida condescendiente. A menudo, los demás los ven como personas que «siempre saben mejor que nadie lo que hay que hacer». A algunos también les parecen poco flexibles, demasiado oficiales, excesivamente organizados y demasiado minuciosos.

A su vez a los *administradores* les irrita en los demás la incompetencia, la falta de rigor y la ligereza. No son capaces de comprender a las personas que suelen llegar tarde, no mantienen su palabra, gastan dinero irreflexivamente y no valoran el tiempo (el suyo o el de los demás). No les gustan las personas que infringen las normas generalmente admitidas, que toman atajos o que piensan solo en ellos mismos. También les irritan las personas que — a pesar de su falta de experiencia — se consideran unos eminentes expertos.

Brújula vital

Los *administradores* valoran la tradición, las normas generalmente aceptadas y los principios de actuación comprobados y ampliamente aceptados. Son excepcionalmente fieles a sus convicciones y proceden según los principios en los que creen. Normalmente tienen un gran respeto por la autoridad y son ciudadanos buenos y responsables. Desean ayudar de forma práctica al buen funcionamiento del estado y de su comunidad local. Valoran la estabilidad, la seguridad y lo previsible. Sin embargo, no toleran los comportamientos que alteran la armonía y suponen una amenaza para el orden social. Les irrita el radicalismo y el extremismo.

Tampoco les gustan las cosas insólitas ni todo tipo de desviaciones de las normas de comportamiento generalmente aceptadas. Son prudentes frente a los cambios, las ideas nuevas y los experimentos. No se oponen a ellos, sino que quieren estar seguros de que aporten ciertos resultados provechosos y prácticos (por ejemplo, aumentan el rendimiento o suponen un ahorro). Creen que no tiene sentido cambiar aquello que funciona eficientemente, por eso no les gustan los cambios cuyo único motivo es el deseo de hacer algo nuevo.

Organización

Los *administradores* necesitan una estructura. No toleran el desorden, el caos ni la improvisación. Les gusta el orden y la buena organización. No son capaces de funcionar en un entorno en el que faltan principios y normas. Cuando se percatan de la posibilidad de mejorar algún sistema, de perfeccionar su eficiencia o de contener el despilfarro se sienten motivados a actuar. Asumen de buen grado la responsabilidad por la resolución de un problema existente y se convierten en líderes de forma natural.

Son unos excelentes administradores (de ahí el nombre de este tipo de personalidad). Son capaces de crear planes de actuación, de definir procedimientos y de organizar eficientemente el trabajo de los demás. Les gusta tener las situaciones bien controladas. Esto no es, como les parece a algunos, provocado por un ansia de poder, sino por la convicción de que las tareas serán realizadas en la forma debida, si ellos mismos velan porque así sea. Normalmente los *administradores* son muy exigentes (también con ellos mismos) y críticos. No toleran la pereza, el comportamiento informal y el desdén por las obligaciones. No son capaces de contemplar pasivamente la injusticia ni la infracción de los principios en los que creen. En tales situaciones están dispuestos a expresar su oposición, incluso si esto puede costarles bastante.

Son por naturaleza responsables, prácticos y puntuales. Esperan lo mismo de los demás. Se esfuerzan por realizar de la mejor manera posible las obligaciones que les son encomendadas. Les gusta actuar según un plan, por ese motivo normalmente planifican con antelación sus tareas. A menudo elaboran (en su mente o en un papel) un plan del día y preparan una lista de asuntos por resolver. Normalmente siguen escrupulosamente los procedimientos adoptados y se subordinan de buen grado a sus superiores. Consideran que esto es imprescindible para un funcionamiento eficiente. Perciben las ineficiencias que los demás no ven, y valoran mucho el tiempo, que intentan aprovechar de forma óptima.

Descanso

Les agradan las cosas sencillas: pasar el tiempo con la familia y los amigos, comer juntos, divertirse y jugar. Son capaces de descansar y relajarse (¡pero no cuando les esperan tareas por realizar!). Normalmente les gusta el descanso activo. Un estrés prolongado hace que se sientan extraños, innecesarios y que empiecen a dudar de su valor. La tensión hace que a veces se encierren en sí mismos o se vuelvan dogmáticos y obstinados.

Aspecto social de la personalidad

A los *administradores* les gusta estar con gente y se sienten a gusto entre personas nuevas. Suelen ser oficiales con los demás, pero es relativamente fácil relacionarse con ellos; también es fácil conocerlos. Tratan de ser educados y amables, pero no permiten que nadie los utilice y no buscan la simpatía de los demás a cualquier precio. Son inflexibles ante las presiones y la manipulación.

Normalmente tienen la necesidad de pertenecer a un grupo mayor. A menudo se implican en actividades sociales y pertenecen a diferentes tipos de clubes, asociaciones y comunidades No evitan las responsabilidades y dedican de buen grado el tiempo a realizar los objetivos con los que se identifican. También dan un gran valor a las costumbres y celebraciones familiares. Mantienen también solícitamente las relaciones con los amigos y aprovechan cualquier ocasión para encontrarse con ellos.

Los *administradores* son excepcionalmente leales a las personas más próximas. Para ellos la responsabilidad es la base de todas las relaciones interpersonales. Dan mucho de sí mismos y esperan otro tanto de los demás. Ayudan de buen grado a otras personas y no les escatiman el tiempo ni el esfuerzo. Les apoyan, les suscitan confianza en sí mismos y les ayudan a descubrir sus talentos. También comparten de buen grado su experiencia.

Les gusta que los demás perciban su entrega y muestren gratitud por su ayuda. Consideran que las acciones son más importantes que las palabras. Por lo tanto, expresan su afecto y su entrega de forma práctica. Sin embargo, raramente demuestran sus emociones y son más bien parcos a la hora de elogiar. Su problema es también la falta de habilidad para interpretar las emociones y sentimientos de otras personas. Suele ocurrir que con sus juicios y sus comentarios demasiado fuertes hieren inconscientemente a otras personas.

Entre amigos

Normalmente los *administradores* se rodean de personas en las que pueden confiar y con las que siempre pueden contar. Les gusta pasar el tiempo con ellas, lo cual les llena de verdadera alegría. Los desconocidos a menudo perciben a los *administradores* como tradicionalistas oficiales y estrictos. Sin embargo, sus amigos también los conocen desde otra perspectiva: como personas que son capaces de pasarlo bien, bromear y ser el centro de atención. Su estilo directo, aunque a veces intimida a la gente, hace que sea fácil conocerlos. Dicen lo que piensan y no ocultan sus opiniones ni puntos de vista. Cuando están entre conocidos no intentan representar ningún papel y no se esconden tras una máscara.

A menudo entablan amistades para toda la vida. Normalmente se integran rápidamente con los compañeros de trabajo. Les gustan los encuentros de trabajo y las fiestas de integración, pero también se reúnen con ellos en el terreno privado. Valoran a las personas experimentadas, competentes e influyentes. No les gustan demasiado, sin embargo, las personas extravagantes, excéntricas o aquellas que no respetan las formas. Les cuesta encontrar un idioma común con aquellos que perciben el mundo de una forma totalmente distinta a ellos. Normalmente entablan amistad con *animadores*, *inspectores* y *directores*. Menos frecuentemente con *idealistas*, *entusiastas*, *consejeros* y otros *administradores*. Los amigos de los *administradores* valoran su entrega y su infalibilidad, aunque a veces, a pesar de una larga amistad, se sienten abrumados por su seguridad en sí mismos.

En el matrimonio

El matrimonio es sagrado para los *administradores*. Normalmente ni siquiera admiten la idea del divorcio (aunque cuando su relación se rompe son capaces de reponerse rápidamente). Para ellos, la familia es una de las cosas más importantes de la vida. Tratan todas las obligaciones familiares de forma excepcionalmente seria. Son un apoyo para sus familiares y siempre los ayudan de buen grado. Consideran el hecho de garantizar las condiciones de vida y la seguridad de la familia como una obligación evidente: para ellos los familiares se merecen cualquier esfuerzo y dedicación. Les muestran su afecto y entrega de forma práctica, comprometiéndose en la vida familiar y haciendo frente a sus obligaciones.

Absortos por su responsabilidad para con los familiares, intentan a veces instruirles y enseñarles (algo que normalmente no es bien visto por sus parejas). No son capaces de leer los sentimientos y emociones de sus maridos/esposas, por lo que a veces hieren con comentarios u observaciones desabridos. Raramente les muestran cariño de forma espontánea, por lo general no se prodigan con cumplidos hacia ellos (más bien los elogian por logros concretos). Sus maridos/esposas pueden por lo tanto sentir ciertas carencias en este aspecto.

Los candidatos naturales a maridos/esposas de los *administradores* son personas de tipos de personalidad afines: *animadores, inspectores* o *pragmáticos.* En estos matrimonios es más fácil crear una comprensión mutua y unas relaciones armoniosas. Sin embargo, la experiencia muestra que las personas pueden crear relaciones exitosas y felices también a pesar de una evidente disconformidad tipológica. Aún más, las diferencias entre los cónyuges pueden aportar dinámica a estas relaciones y ayudar al desarrollo personal (a muchas personas esta perspectiva les parece más atractiva que la visión de una relación armoniosa, en la que siempre reina el acuerdo y una plena comprensión mutua).

Como padres

Los *administradores* tratan muy seriamente sus obligaciones como padres. El papel de padres es para ellos algo natural. Hacen todo lo posible para educar a los hijos como personas responsables e independientes. Prefieren el modelo tradicional de familia, en el que los padres son una autoridad para los niños (no son «amigos») y se merecen respeto. No toleran la desobediencia y la infracción de las reglas establecidas. Son exigentes y propensos a emplear la disciplina.

Generosos en la crítica, los *administradores* son al mismo tiempo parcos en elogios hacia sus hijos. A menudo tampoco perciben sus necesidades emocionales y no les demuestran el cariño suficiente. En lugar de eso, desean enseñarles un comportamiento adecuado y ayudarles a distinguir el bien del mal. También les orientan para afrontar los problemas de un modo práctico, lógico y con sentido común. Muestran impaciencia cuando sus hijos siguen cometiendo los mismos errores o desatienden continuamente sus obligaciones. Sin embargo, se entregan totalmente a ellos y no escatiman tiempo ni energía para ellos. Pasados los años, los hijos los valoran sobre todo por su dedicación y porque fueron para ellos un apoyo y les inculcaron los principios que necesitan para funcionar en el mundo.

Trabajo y carrera profesional

Los *administradores* son titanes del trabajo y se implican completamente en la realización de las tareas que les son encomendadas. No son capaces de trabajar conscientemente por debajo de sus capacidades. Afrontan bien las tareas prácticas y son capaces de observar complejos procedimientos y de adaptarse a las instrucciones recibidas de sus superiores. Prefieren los entornos estables y no son partidarios de los cambios frecuentes.

En equipo

Creen que únicamente mediante la realización concienzuda de las obligaciones, la colaboración y el cumplimiento de las reglas establecidas el equipo puede alcanzar los objetivos marcados. Son subordinados que no dan problemas y se puede confiar en ellos. Son capaces de colaborar de forma armoniosa con otras personas. Raramente cuestionan las órdenes de los superiores o ignoran los procedimientos vigentes.

Organización

No necesitan recordatorios, apremios, supervisión ni control, ellos mismos se motivan para actuar y un trabajo bien hecho les proporciona satisfacción.

Son perfectos para tareas que requieran capacidades organizativas y orden. Son insustituibles en la preparación de cualquier tipo de planes de actuación, horarios, sistemas, gráficos (¡y en su puesta en marcha!). Cuando se les encarga la gestión de un equipo de trabajadores o de un sistema se puede estar seguro de que cumplirán escrupulosamente los procedimientos requeridos y respetarán los plazos, y de que el trabajo discurrirá de manera eficiente y sin problemas.

Los *administradores* no comprenden a las personas que no ponen los cinco sentidos en las tareas que les son encomendadas, descuidan conscientemente los reglamentos y no cumplen con los deberes a los que se habían comprometido. Tienen una sensación de injusticia cuando los trabajadores serios, que realizan bien su cometido, son tratados igual que aquellos no se esfuerzan en sus obligaciones. Son partidarios decididos de una remuneración en función de los resultados. Consideran que «justamente» no quiere decir «por igual».

Tareas

Prefieren las tareas prácticas con un horizonte temporal corto. Les gusta resolver problemas concretos y tangibles y ver los resultados de su trabajo. Obtienen una enorme satisfacción al ver que un sistema que no funcionaba empieza a hacerlo de forma eficaz, que los recursos que eran despilfarrados son usados de forma más eficiente o que una nueva organización del trabajo aporta un ahorro mensurable de tiempo. Les resultan incómodas las situaciones que requieren pensar en el futuro, les cuesta referirse a la teoría, improvisar o depender de la intuición.

Empresas

Prefieren a los superiores que respetan a sus subordinados, valoran su experiencia y recompensan su trabajo. Debido a su seriedad, lealtad y carácter previsor, los *administradores* están predispuestos para trabajar en la administración (en instituciones estatales y en el mundo de los negocios). Les gusta la estabilidad y el prestigio relacionado con el trabajo en grandes instituciones o en empresas con una posición firme. Son trabajadores muy leales. Se encuentran bien en las estructuras jerárquicas y corporativas que proporcionan posibilidades de ascenso.

A menudo pasan la mayor parte de su vida en una misma empresa, ascendiendo por los sucesivos escalafones de la carrera profesional (llegando a menudo hasta la misma cima). Llevan bien la competencia y la rivalidad.

Superiores

Tienen capacidades de liderazgo naturales y pueden organizar y supervisar el trabajo de otras personas. Les gusta tomar decisiones, tener influencia sobre el desarrollo de los acontecimientos y encargarse de resolver problemas prácticos. Tienen dificultades con los problemas de naturaleza teórica y con la planificación estratégica.

Como líderes, a menudo se inclinan más a desempeñar el papel de mánager, que el de visionarios. En las relaciones con sus subordinados prefieren un estilo oficial y formal. Habitualmente son críticos y exigentes en sus evaluaciones, pero extraordinariamente objetivos y justos. Definen las prioridades y marcan objetivos claros a los trabajadores, gracias a lo cual pueden valorar fácilmente su trabajo. Normalmente son impacientes. Desean que las tareas pendientes sean realizadas lo antes posible. La conciencia de la existencia de retrasos o de posibles demoras hace que se sientan incómodos.

Cuando se centran en las tareas urgentes a menudo pierden de vista tareas importantes (en particular en un horizonte temporal más lejano). A menudo están sobrecargados por las obligaciones. Su problema es un control exagerado de los subordinados y una delegación insuficiente de las tareas, ocasionada por el convencimiento de que ellos mismos las realizarán más rápido y mejor que los demás (algo que normalmente es cierto). Al actuar de esta forma desalientan a los trabajadores, les quitan las ganas de ser autónomos y de aprender de sus errores.

Profesiones

El conocimiento del perfil de personalidad propio y de las preferencias naturales es una ayuda inestimable a la hora de elegir la carrera profesional más conveniente. La experiencia muestra que los *administradores* pueden trabajar con éxito y sentirse realizados en diferentes campos, aunque su tipo de personalidad los predispone de forma natural para profesiones tales como:

- administrador,
- agente de seguros,

- auditor,
- bibliotecario,
- científico,
- cocinero,
- consejero,
- contable,
- coordinador de proyecto,
- detective,
- director de oficina,
- director,
- economista,
- empleado de banco,
- farmacéutico,
- informático,
- ingeniero,
- inspector,
- juez,
- jurista,
- mánager,
- militar.
- oficinista,
- policía,
- político,
- profesor universitario,
- profesor,
- representante comercial,
- técnico,
- trabajador de la administración estatal.

Potenciales puntos fuertes y débiles

Los *administradores*, al igual que otros tipos de personalidad, tienen potenciales puntos fuertes y débiles. Este potencial puede ser gestionado de diferentes formas. La felicidad personal y la realización profesional de los *administradores* dependen de si aprovechan las oportunidades relacionadas con su tipo de personalidad y de si hacen frente a las amenazas que les acechan. He aquí un RESUMEN de estas oportunidades y amenazas:

Puntos fuertes potenciales

Los *administradores* son entusiastas, amistosos y brindan de buena gana ayuda a otras personas. Tienen una motivación interior para el trabajo y sentido de compromiso. Son enérgicos, decididos y concretos. Asumen de buen grado la responsabilidad por la realización de las tareas y son capaces de dirigir a otros. Tienen capacidades naturales de liderazgo. Pueden realizar valoraciones imparciales y objetivas. Son lógicos, racionales y extraordinariamente prácticos. Siempre dicen lo que piensan y son directos al relacionarse con los demás. Aceptan bien la crítica y ellos mismos también son capaces de realizar valoraciones críticas.

Normalmente son muy observadores, tienen buena memoria y son capaces de asimilar una gran cantidad de datos concretos. Al ver la posibilidad de mejorar algún sistema, de perfeccionar su eficiencia o de contener el despilfarro se sienten motivados a actuar. Son capaces de crear planes y establecer procedimientos. Perciben las faltas y las insuficiencias que los demás no ven. Son trabajadores, concienzudos, responsables y extraordinariamente leales. Realizan los trabajos que les han encargado con puntualidad (incluso a menudo antes de tiempo). No son capaces de realizar conscientemente tareas por debajo de sus posibilidades. Son ordenados y tienen sentido de la organización. Pueden gestionar bien los recursos. Son unos perfectos organizadores y administradores de sistemas. Se caracterizan por su independencia y resistencia a la manipulación. Son fieles a sus convicciones y — sin importar la opinión del entorno — se mantienen en sus principios.

Puntos débiles potenciales

Normalmente los *administradores* suelen pensar que tienen razón. A menudo se cierran ante puntos de vista que son diferentes a los propios, por lo que estrechan su campo de visión. Tienen una tendencia natural a instruir y corregir a otras personas.

A menudo se comportan de forma proteccionista e intentan ejercer presión sobre otras personas. Tienen tendencia a concentrarse excesivamente en los detalles, por lo que a menudo no perciben una perspectiva más amplia. Les resulta difícil asimilar la teoría y prever las futuras consecuencias de las decisiones y acontecimientos actuales. Temen las situaciones que requieren pensar en el futuro, cuando hay que depender de la intuición o improvisar, les parece estar perdiendo el suelo bajo sus pies. Tienen tendencia a concentrarse en tareas urgentes a costa de las importantes. Un problema frecuente es la delegación insuficiente de obligaciones y la injerencia en el trabajo de sus subordinados o colaboradores. Son muy exigentes y sus expectativas suelen ser irreales. Se puede tener la sensación de que es difícil contentarlos de alguna forma.

Tienen problemas para interpretar las emociones y sentimientos de otras personas, por lo que a menudo molestan inconscientemente a los demás. No se dan cuenta de que sus opiniones rudas y sus bromas pueden herir a otras personas. Su forma de comunicación suele ser inadecuada para la situación y las circunstancias en las que se encuentran. También tienen dificultades para expresar sus propias emociones y mostrar cariño a los demás. Por un lado, normalmente son parcos a la hora de elogiar, y por otro, son pródigos a la hora de criticar. Por naturaleza son poco flexibles y aceptan mal los cambios. Suelen ser obstinados, dogmáticos, impacientes e impulsivos. Pueden concentrarse en exceso en los beneficios inmediatos, el estatus social y los bienes materiales.

Desarrollo personal

El desarrollo personal de los *administradores* depende del grado en que utilizan su potencial natural y se sobreponen a los riesgos relacionados con su tipo de personalidad. Los siguientes consejos prácticos constituyen un decálogo característico del *administrador*.

Sé más tolerante

Trata de ser más paciente con los niños, los jóvenes y las personas con menos experiencia o capacidades. No todos son hábiles en los mismos campos. Si a algunos no se les dan bien las tareas, no siempre es un síntoma de su mala voluntad o pereza.

Escucha

Muestra interés a las demás personas, incluso si no estás de acuerdo con ellas o estás convencido de que no tienen razón. No respondas hasta que no las hayas escuchado. La capacidad de escuchar a los demás puede revolucionar tus relaciones con las personas.

No te opongas a los cambios

No rechaces de antemano las ideas que pueden provocar un cambio o socavar el orden actual. Al hacer eso, dejas escapar oportunidades de desarrollo y te privas de muchas experiencias valiosas. Los cambios siempre conllevan cierto riesgo, pero normalmente es menor de lo que pensabas.

Reconoce que puedes equivocarte

No siempre debes tener la razón. A veces puedes estar en un error, y otras veces la realidad es más compleja de lo que te parece y ambas partes pueden tener algo de razón (al menos parcialmente). Tampoco supongas que nadie conoce un determinado tema tan bien como tú.

Elogia a los demás

Aprovecha cualquier ocasión para valorar positivamente a otras personas, decirles algo agradable, elogiarlos por algo que han hecho. En el trabajo evalúa a las personas no solo por las tareas realizadas, sino también por quiénes son. ¡Notarás la diferencia y te sorprenderá!

Critica menos

No todo el mundo es capaz de aceptar una crítica constructiva como tú. En el caso de muchas personas, la crítica abierta actúa de forma destructiva. Los estudios demuestran que el elogio de los comportamientos positivos (aunque sean pocos) motiva más a las personas que la crítica de los comportamientos negativos.

Trata a los demás «con humanidad»

Las personas no quieren ser percibidas como herramientas que sirven para realizar un objetivo. Desean que se perciban sus emociones, sentimientos y pasiones. Al tratar con personas, intenta ponerte en su situación y comprender lo que experimentan, qué les apasiona, qué les inquieta, a qué tienen miedo...

Deja algunos asuntos a su curso natural

No puedes tenerlo todo controlado, ni eres capaz de dominarlo todo. Deja los asuntos menos importantes a su curso natural. Aplaza las decisiones menos urgentes. Deja de reformar a la fuerza a los otros. Ahorrarás mucha energía y evitarás la frustración.

No culpes a los demás de tus problemas

¡Los problemas pueden ser provocados no solo por los demás, sino también por ti mismo! Tú también cometes faltas y errores. Tú también puedes ser la causa de un problema.

Controla las emociones

Si sientes que puedes explotar, procura relajarte, rebajar la tensión, pensar durante un momento en otra cosa. Las explosiones de ira no te ayudan ni a ti, ni a las personas que te rodean.

Personas conocidas

La lista de personas conocidas que se corresponden con el perfil de *administrador* incluye, entre otros, los siguientes nombres:

- **Carry Nation** (1846 – 1911), activista estadounidense a favor de la abstinencia y la sobriedad;

- **Bette Davis**, realmente Ruth Elizabeth Davis (1908 − 1989), actriz estadounidense de teatro y cine (entre otras películas, *Eva al desnudo*), ganadora de varios premios prestigiosos, reconocida como una de las mayores actrices de todos los tiempos;
- **Harry S. Truman** (1884 − 1972), trigésimo tercer presidente de los Estados Unidos;
- **Billy Graham**, realmente William Franklin Graham, Jr (1918 − 2018), predicador bautista estadounidense, uno de los evangelistas más conocidos en el mundo, autor de libros (entre otros, *Paz con Dios*);
- **Sandra Day O'Connor** (n. 1930), jurista estadounidense, primera mujer juez del Tribunal Supremo de los Estados Unidos;
- **George W. Bush** (n. 1946), cuadragésimo tercer presidente de los Estados Unidos;
- **Susan Sarandon**, realmente Susan Abigail Tomalin (n. 1946), actriz de cine estadounidense (entre otras películas, *Pena de muerte*);
- **John de Lancie** (n. 1948), actor de cine estadounidense (entre otras películas, *Star Trek*);

- **Bruce Willis** (n. 1955), actor de cine estadounidense (entre otras películas, *Armageddon*) y cantante;
- **Mickey Rourke** (n. 1956), actor de cine estadounidense (entre otras películas, *Animal Factory*) y guionista;
- **Laura Linney** (n. 1964), actriz de cine estadounidense (entre otras películas, *Mystic River*);
- **Brendan Fraser** (n. 1968), actor de cine estadounidense-canadiense (entre otras películas, *La momia*);
- **Daniel Craig** (n. 1968), actor inglés de teatro y cine (entre otras películas, *Casino Royale*).

16 tipos de personalidad de forma breve

Administrador (ESTJ)

Lema vital: *¡Hagamos esa tarea!*

Trabajador, responsable y extraordinariamente leal. Enérgico y decidido. Valora el orden, la estabilidad, la seguridad y las reglas claras. Objetivo y concreto. Lógico, racional y práctico. Es capaz de asimilar una gran cantidad de información detallada.

Organizador perfecto. No tolera la ineficiencia, el despilfarro ni la pereza. Fiel a sus convicciones y directo en los contactos. Presenta sus puntos de vista de forma decidida y expresa abiertamente opiniones críticas, por lo que en ocasiones hiere inconscientemente a otras personas.

Tendencias naturales del *administrador*:

- Fuente de energía vital: mundo exterior.
- Asimilación de información: sentidos.
- Toma de decisiones: razón.
- Estilo de vida: organizado.

Tipos de personalidad similares:

- *Animador*
- *Inspector*
- *Pragmático*

Datos estadísticos:

- Los *administradores* constituyen el 10-13% de la sociedad.
- Entre los *administradores* predominan los hombres (60%).
- Un país que se corresponde con el perfil del *administrador* son los Estados Unidos[2].

Código literal:

El código literal universal del *administrador* en las tipologías de personalidad de Jung es ESTJ.

---

[2] Esto no quiere decir que todos los habitantes de los EE. UU. pertenezcan a este tipo de personalidad, sino que la sociedad estadounidense, en su conjunto, tiene muchas características del *administrador*.

Más:

Jarosław Jankowski
Tu tipo de personalidad: Administrador (ESTJ)

Animador (ESTP)

Lema vital: *¡Hagamos algo!*

Enérgico, activo y emprendedor. Le gusta la compañía de otros y sabe pasárselo bien y disfrutar del momento presente. Es espontáneo, flexible y suele estar abierto a los cambios.

Es entusiasta inspirador e iniciador, suele motivar a los demás a actuar. Lógico, racional y extraordinariamente pragmático. Realista. Le aburren las ideas abstractas y las reflexiones sobre el futuro. Procura solucionar los problemas concretos e inmediatos que se le presentan, pero a menudo también tiene dificultades con la organización y la planificación. Suele ser impulsivo. Suele ocurrir que primero actúa y luego piensa.

Tendencias naturales del *animador*:

- Fuente de energía vital: mundo exterior.
- Asimilación de información: sentidos.
- Toma de decisiones: razón.
- Estilo de vida: espontáneo.

Tipos de personalidad similares:

- *Administrador*
- *Pragmático*
- *Inspector*

Datos estadísticos:

- Los *animadores* constituyen el 6-10% de la sociedad.
- Entre los *animadores* predominan los hombres (60%).
- El país que se corresponde con el perfil de *animador* es Australia.

Código literal:

El código literal universal del *animador* en las tipologías de personalidad de Jung es ESTP.

Más:

Jarosław Jankowski
Tu tipo de personalidad: Animador (ESTP)

Artista (ISFP)

Lema vital: *¡Creemos algo!*

Sensible, creativo y original. Tiene un gran sentido de la estética y capacidades artísticas naturales. Independiente, se guía por su propia escala de valores y no cede ante la presión. Optimista y con una actitud positiva hacia la vida; es capaz de disfrutar del momento.

Disfruta ayudando a los demás. Le aburren las teorías abstractas; prefiere crear la realidad que hablar de ella. Sin embargo, le resulta más fácil empezar cosas nuevas que acabar las empezadas antes. Suele tener dificultades para expresar sus propios deseos y necesidades.

Tendencias naturales del *artista*:

- Fuente de energía vital: mundo interior.
- Asimilación de información: sentidos.
- Toma de decisiones: corazón.
- Estilo de vida: espontáneo.

Tipos de personalidad similares:

- *Protector*
- *Presentador*
- *Defensor*

Datos estadísticos:

- Los *artistas* constituyen el 6-9% de la población.
- Entre los *artistas* predominan las mujeres (60%).
- El país que se corresponde con el perfil de *artista* es China.

Código literal:

El código literal universal del *artista* en las tipologías de personalidad de Jung es ISFP.

Más:

Jarosław Jankowski
Tu tipo de personalidad: Artista (ISFP)

Consejero (ENFJ)

Lema vital: *Mis amigos son mi mundo.*

Optimista, entusiasta y gracioso. Amable, sabe actuar con tacto. Tiene el extraordinario don de la empatía y disfruta actuando de forma desinteresada a favor de los demás. Es capaz de influir en sus vidas: inspira, descubre en ellos el potencial oculto que tienen y suscita confianza en sus propias fuerzas. Irradia ternura y atrae a las demás personas. A menudo las ayuda a resolver sus problemas personales.

Suele ser crédulo, aunque un poco ingenuo, y tiene tendencia a ver el mundo de color de rosa. Concentrado en los demás, a menudo se olvida de sus propias necesidades.

Tendencias naturales del *consejero*:

- Fuente de energía vital: mundo exterior.
- Asimilación de información: intuición.
- Toma de decisiones: corazón.
- Estilo de vida: organizado.

Tipos de personalidad similares:

- *Entusiasta*
- *Mentor*
- *Idealista*

Datos estadísticos:

- Los *consejeros* constituyen el 3-5% de la población.
- Entre los *consejeros* predominan claramente las mujeres (80%).
- El país que se corresponde con el perfil de *consejero* es Francia.

Código literal:

El código literal universal del *consejero* en las tipologías de personalidad de Jung es ENFJ.

Más:

Jarosław Jankowski
Tu tipo de personalidad: Consejero (ENFJ)

Defensor (ESFJ)

Lema vital: *¿Cómo puedo ayudarte?*

Entusiasta, enérgico y bien organizado. Práctico, responsable, concienzudo. Cordial y extraordinariamente sociable.

Percibe los sentimientos humanos, las emociones y necesidades. Valora la armonía. Soporta mal la crítica y los conflictos. Es sensible a todas las manifestaciones de injusticia y protesta cuando ve que lastiman a otras personas. Se interesa sinceramente por los problemas de los demás y siente una verdadera alegría al ayudarlos. Al velar por sus necesidades a menudo desatiende las suyas propias. Tiene tendencia a hacer por los demás cosas que ellos mismos deberían hacer. Suele ser susceptible a la manipulación.

Tendencias naturales del *defensor*:

- Fuente de energía vital: mundo exterior.
- Asimilación de información: sentidos.
- Toma de decisiones: corazón.
- Estilo de vida: organizado.

Tipos de personalidad similares:

- Presentador
- Protector
- Artista

Datos estadísticos:

- Los *defensores* constituyen el 10-13% de la población.
- Entre los *defensores* predominan claramente las mujeres (70%).
- El país que se corresponde con el perfil de *defensor* es Canadá.

Código literal:

El código literal universal del *defensor* en las tipologías de personalidad de Jung es ESFJ.

Más:

Jarosław Jankowski
Tu tipo de personalidad: Defensor (ESFJ)

Director (ENTJ)

Lema vital: *Os diré lo que hay que hacer.*

Independiente, activo y decidido. Racional, lógico y creativo. Percibe un contexto más amplio de los problemas analizados y es capaz de prever las futuras consecuencias de las acciones humanas. Se caracteriza por el optimismo y un sensato sentido de su propio valor. Es capaz de transformar conceptos teóricos en planes de actuación concretos y prácticos.

Visionario, mentor y organizador. Tiene unas capacidades de liderazgo innatas. Su fuerte personalidad, su criticismo y su estilo directo a menudo intimidan a los demás y provocan problemas en sus relaciones interpersonales.

Tendencias naturales del *director*:

- Fuente de energía vital: mundo exterior.
- Asimilación de información: intuición.
- Toma de decisiones: razón.
- Estilo de vida: organizado.

Tipos de personalidad similares:

- *Innovador*
- *Estratega*
- *Lógico*

Datos estadísticos:

- Los *directores* constituyen el 2-5% de la población.

- Entre los *directores* predominan claramente los hombres (70%).
- El país que se corresponde con el perfil de *director* es Holanda.

Código literal:

El código literal universal del *director* en las tipologías de personalidad de Jung es ENTJ.

Más:

Jarosław Jankowski
Tu tipo de personalidad: Director (ENTJ)

Entusiasta (ENFP)

Lema vital: *¡Podemos hacerlo!*

Enérgico, entusiasta y optimista. Es capaz de disfrutar de la vida y piensa a largo plazo. Dinámico, ingenioso y creativo. Le gustan las personas y aprecia las relaciones sinceras y auténticas. Cálido, cordial y emocional. Soporta mal la crítica. Tiene el don de la empatía y percibe las necesidades, los sentimientos y los motivos de los demás. Los inspira y los contagia con su entusiasmo.

Le gusta estar en el centro de los acontecimientos. Es flexible y capaz de improvisar. Es propenso a tener ocurrencias idealistas. Se distrae con facilidad y tiene problemas para llevar los asuntos hasta el final.

Tendencias naturales del *entusiasta*:

- Fuente de energía vital: mundo exterior.
- Asimilación de información: intuición.
- Toma de decisiones: corazón.
- Estilo de vida: espontáneo.

Tipos de personalidad similares:

- *Consejero*
- *Idealista*
- *Mentor*

Datos estadísticos:

- Los *entusiastas* constituyen el 5-8% de la población.
- Entre los *entusiastas* predominan las mujeres (60%).
- El país que se corresponde con el perfil de *entusiasta* es Italia.

Código literal:

El código literal universal del *entusiasta* en las tipologías de personalidad de Jung es ENFP.

Más:

Jarosław Jankowski
Tu tipo de personalidad: Entusiasta (ENFP)

Estratega (INTJ)

Lema vital: *Esto puede perfeccionarse.*

Independiente, marcado individualismo, con una enorme cantidad de energía interna. Creativo e ingenioso. Visto por los demás como competente y seguro de sí mismo y, a la vez, como distante y enigmático. Mira cada asunto desde una perspectiva amplia. Desea perfeccionar y ordenar el mundo que le rodea.

Bien organizado, responsable, crítico y exigente. Es difícil sacarlo de sus casillas, pero también es difícil satisfacerlo totalmente. Por lo general, tiene problemas para interpretar los sentimientos y emociones de otras personas.

Tendencias naturales del *estratega*:

- Fuente de energía vital: mundo interior.
- Asimilación de información: intuición.
- Toma de decisiones: razón.
- Estilo de vida: organizado.

Tipos de personalidad similares:

- *Lógico*
- *Director*
- *Innovador*

Datos estadísticos:

- Los *estrategas* constituyen el 1-2% de la población.

- Entre los *estrategas* predominan claramente los hombres (80%).
- El país que se corresponde con el perfil de *estratega* es Finlandia.

Código literal:

El código literal universal del *estratega* en las tipologías de personalidad de Jung es INTJ.

Más:

Jarosław Jankowski
Tu tipo de personalidad: Estratega (INTJ)

Idealista (INFP)

Lema vital: *Se puede vivir de otra manera.*

Sensible, leal, creativo. Desea vivir según los valores que profesa. Muestra interés por la realidad espiritual y ahonda en los secretos de la vida. Suele conmoverse por los problemas del mundo y está abierto a las necesidades de otras personas. Valora la armonía y el equilibrio.

Romántico: es capaz de demostrar amor, pero él mismo también necesita cariño y afecto. Interpreta perfectamente los motivos y sentimientos de otras personas. Crea relaciones sanas, profundas y duraderas. En situaciones de conflicto lo pasa mal, no sabe qué hacer. No resiste el estrés y la crítica.

Tendencias naturales del *idealista*:

- Fuente de energía vital: mundo interior.
- Asimilación de información: intuición.
- Toma de decisiones: corazón.
- Estilo de vida: espontáneo.

Tipos de personalidad similares:

- *Mentor*
- *Entusiasta*
- *Consejero*

Datos estadísticos:

- Los *idealistas* constituyen el 1-4% de la población.
- Entre los *idealistas* predominan las mujeres (60%).
- El país que se corresponde con el perfil de *idealista* es Tailandia.

Código literal:

El código literal universal del *idealista* en las tipologías de personalidad de Jung es INFP.

Más:

Jarosław Jankowski
Tu tipo de personalidad: Idealista (INFP)

Innovador (ENTP)

Lema vital: *Y si probamos a hacerlo de otra forma...*

Ingenioso, original e independiente. Optimista. Enérgico y emprendedor. Persona de acción: le gusta estar en el centro de los acontecimientos y resolver «problemas irresolubles». Tiene curiosidad por el mundo, y es propenso al riesgo y suele ser impaciente. Visionario, abierto a nuevas ideas y ocurrencias. Le gustan las nuevas experiencias y los experimentos. Percibe las relaciones entre acontecimientos concretos y piensa a largo plazo.

Espontáneo, comunicativo y seguro de sí mismo. Propenso a sobrevalorar sus propias posibilidades. Tiene problemas para llevar los asuntos hasta el final.

Tendencias naturales del *innovador*:

- Fuente de energía vital: mundo exterior.
- Asimilación de información: intuición.
- Toma de decisiones: razón.
- Estilo de vida: espontáneo.

Tipos de personalidad similares:

- *Director*
- *Lógico*
- *Estratega*

Datos estadísticos:

- Los *innovadores* constituyen el 3-5% de la población.
- Entre los *innovadores* predominan claramente los hombres (70%).
- El país que se corresponde con el perfil de *innovador* es Israel.

Código literal:

El código literal universal del *innovador* en las tipologías de personalidad de Jung es ENTP.

Más:

Jarosław Jankowski
Tu tipo de personalidad: Innovador (ENTP)

Inspector (ISTJ)

Lema vital: *Primero las obligaciones.*

Una persona con la que siempre se puede contar. Educado, puntual, cumplidor, concienzudo, responsable: «persona de confianza». Analítico, metódico, sistemático y lógico. Los otros lo ven como reservado, frío y serio. Aprecia la tranquilidad, la estabilidad y el orden. No le gustan los cambios. En cambio, le gustan los principios claros y las reglas concretas.

Trabajador y perseverante, es capaz de llevar los asuntos hasta el final. Perfeccionista. Quiere controlarlo todo. Parco en elogios. No aprecia el valor de los sentimientos y las emociones de otras personas.

Tendencias naturales del *inspector*:

- Fuente de energía vital: mundo interior.
- Asimilación de información: sentidos.
- Toma de decisiones: razón.
- Estilo de vida: organizado.

Tipos de personalidad similares:

- *Pragmático*
- *Administrador*
- *Animador*

Datos estadísticos:

- Los *inspectores* constituyen el 6-10% de la población.
- Entre los *inspectores* predominan los hombres (60%).
- El país que se corresponde con el perfil de *inspector* es Suiza.

Código literal:

El código literal universal del *inspector* en las tipologías de personalidad de Jung es ISTJ.

Más:

Jarosław Jankowski
Tu tipo de personalidad: Inspector (ISTJ)

Lógico (INTP)

Lema vital: *Lo más importante es conocer la verdad acerca del mundo.*

Original, ingenioso y creativo. Le gusta resolver problemas de índole teórica. Analítico, brillante y con una actitud entusiasta hacia las nuevas ideas. Es capaz de relacionar fenómenos concretos y deducir de ellos principios generales y teorías. Lógico, preciso e indagador. Percibe rápidamente los síntomas de incoherencia e inconsecuencia.

Independiente y escéptico ante las soluciones y autoridades establecidas. Tolerante y abierto a los nuevos retos. Se suele quedar absorto en sus reflexiones, a veces pierde el contacto con el mundo exterior.

Tendencias naturales del *lógico*:

- Fuente de energía vital: mundo interior.
- Asimilación de información: intuición.
- Toma de decisiones: razón.
- Estilo de vida: espontáneo.

Tipos de personalidad similares:

- *Estratega*
- *Innovador*
- *Director*

Datos estadísticos:

- Los *lógicos* constituyen el 2-3% de la población.
- Entre los *lógicos* predominan claramente los hombres (80%).
- El país que se corresponde con el perfil de *lógico* es la India.

Código literal:

El código literal universal del *lógico* en las tipologías de personalidad de Jung es INTP.

Más:

Jarosław Jankowski
Tu tipo de personalidad: Lógico (INTP)

Mentor (INFJ)

Lema vital: *¡El mundo puede ser mejor!*

Creativo, sensible, adelantado a su tiempo, capaz de ver las posibilidades que los demás no ven. Idealista y visionario orientado a la ayuda a las personas. Concienzudo, responsable y al mismo tiempo amable, solícito y amistoso. Se esfuerza por entender los mecanismos que rigen el mundo y trata de ver los problemas desde una perspectiva más amplia.

Excelente oyente y observador. Se caracteriza por una extraordinaria empatía, por su intuición y la confianza en las personas. Es capaz de interpretar los sentimientos y las emociones.

Soporta mal la crítica y las situaciones de conflicto. Puede parecer enigmático.

Tendencias naturales del *mentor*:

- Fuente de energía vital: mundo interior.
- Asimilación de información: intuición.
- Toma de decisiones: corazón.
- Estilo de vida: organizado.

Tipos de personalidad similares:

- *Idealista*
- *Consejero*
- *Entusiasta*

Datos estadísticos:

- Los *mentores* constituyen aproximadamente el 1% de la población y son el tipo de personalidad menos frecuente.
- Entre los *mentores* predominan claramente las mujeres (80%).
- El país que se corresponde con el perfil de *mentor* es Noruega.

Código literal:

El código literal universal del *mentor* en las tipologías de personalidad de Jung es INFJ.

Más:

Jarosław Jankowski
Tu tipo de personalidad: Mentor (INFJ)

Pragmático (ISTP)

Lema vital: *Los actos son más importantes que las palabras.*

Optimista, espontáneo y con una actitud positiva hacia la vida. Comedido e independiente. Fiel a sus propias convicciones y escéptico ante las normas y principios externos. Le aburren las teorías y las reflexiones sobre el futuro.

Prefiere actuar y solucionar problemas concretos y tangibles.

Se adapta bien a los nuevos lugares y situaciones. Le gustan los nuevos retos y el riesgo. Es capaz de mantener la sangre fría ante las amenazas y los peligros. Su taciturnidad y su extrema sobriedad a la hora de expresar opiniones hace que suela ser indescifrable para los demás.

Tendencias naturales del *pragmático*:

- Fuente de energía vital: mundo interior.
- Asimilación de información: sentidos.
- Toma de decisiones: razón.
- Estilo de vida: espontáneo.

Tipos de personalidad similares:

- *Inspector*
- *Animador*
- *Administrador*

Datos estadísticos:

- Los *pragmáticos* constituyen el 6-9% de la población.
- Entre los *pragmáticos* predominan los hombres (60%).
- El país que se corresponde con el perfil de *pragmático* es Singapur.

Código literal:

El código literal universal del *pragmático* en las tipologías de personalidad de Jung es ISTP.

Más:

Jarosław Jankowski
Tu tipo de personalidad: Pragmático (ISTP)

Presentador (ESFP)

Lema vital: *¡Hoy es el momento perfecto!*

Optimista, enérgico y abierto a las personas. Es capaz de disfrutar de la vida y pasarlo bien. Práctico y al mismo tiempo flexible y espontáneo. Le gustan los cambios y las nuevas experiencias. Soporta mal la soledad, el estancamiento y la rutina. Se siente bien estando en el centro de atención.

Tiene unas capacidades interpretativas naturales y es capaz de hablar de una forma que despierta el interés y el entusiasmo de los oyentes. Al concentrarse en el día de hoy, a veces pierde de vista los objetivos a largo plazo. Suele tener problemas a la hora de prever las consecuencias de sus actos.

Tendencias naturales del *presentador*:

- Fuente de energía vital: mundo exterior.
- Asimilación de información: sentidos.
- Toma de decisiones: corazón.
- Estilo de vida: espontáneo.

Tipos de personalidad similares:

- *Defensor*
- *Artista*
- *Protector*

Datos estadísticos:

- Los *presentadores* constituyen el 8 -13% de la población.
- Entre los *presentadores* predominan las mujeres (60%).
- El país que se corresponde con el perfil de *presentador* es Brasil.

Código literal:

El código literal universal del *presentador* en las tipologías de personalidad de Jung es ESFP.

Más:

Jarosław Jankowski
Tu tipo de personalidad: Presentador (ESFP)

Protector (ISFJ)

Lema vital: *Me importa tu felicidad.*

Sincero, tierno, modesto, digno de confianza y extraordinariamente leal. Pone en primer lugar a los demás: percibe sus necesidades y desea ayudarles. Práctico, bien organizado y responsable. Paciente, trabajador y perseverante: es capaz de llevar los asuntos hasta el final.

Observa y recuerda los detalles. Valora mucho la tranquilidad, la estabilidad y las relaciones amistosas con los demás. Es capaz de tender puentes entre las personas. Soporta mal los conflictos y la crítica. Tiene un fuerte sentido de la responsabilidad y siempre está dispuesto a ayudar. Los demás suelen aprovecharse de él.

Tendencias naturales del *protector*:

- Fuente de energía vital: mundo interior.
- Asimilación de información: sentidos.
- Toma de decisiones: corazón.
- Estilo de vida: organizado.

Tipos de personalidad similares:

- *Artista*
- *Defensor*
- *Presentador*

Datos estadísticos:

- Los *protectores* constituyen el 8-12% de la población.

- Entre los *protectores* predominan claramente las mujeres (70%).
- El país que se corresponde con el perfil de *protector* es Suecia.

Código literal:

El código literal universal del *protector* en las tipologías de personalidad de Jung es ISFJ.

Más:

Jarosław Jankowski
Tu tipo de personalidad: Protector (ISFJ)

Apéndice

Las cuatro tendencias naturales

1. Fuente de energía vital dominante

   o MUNDO EXTERIOR
     Personas que obtienen energía del
     exterior, que necesitan actividad y
     contacto con los demás. Soportan
     mal la soledad prolongada.

   o MUNDO INTERIOR
     Personas que obtienen energía del
     mundo interior, que necesitan
     silencio y soledad. Se sienten
     agotados cuando están mucho
     tiempo en medio de un grupo.

2. Forma dominante de asimilación de la información

- ○ SENTIDOS
  Personas que dependen de los cinco sentidos. Les convencen los hechos y las pruebas. Les gustan los métodos comprobados y las tareas prácticas y concretas. Son realistas y se basan en la experiencia.

- ○ INTUICIÓN
  Personas que dependen de un sexto sentido, que se guían por los presentimientos. Les gustan las soluciones innovadoras y los problemas de índole teórica. Se caracterizan por su enfoque creativo de las tareas y por su capacidad de previsión.

3. Forma de toma de decisiones dominante

- ○ RAZÓN
  Personas que se guían por la lógica y los principios objetivos. Críticos y directos a la hora de expresar sus opiniones.

- ○ CORAZÓN
  Personas que se guían por los sentimientos y los valores. Anhelan

la armonía y necesitan estar bien con los demás.

4. Estilo de vida dominante

o ORGANIZADO
Personas concienzudas y organizadas. Valoran el orden, son personas a quienes les gusta actuar según un plan.

o ESPONTÁNEO
Personas espontáneas, que valoran la libertad. Disfrutan del momento y se encuentran a gusto en situaciones nuevas.

Porcentaje orientativo de los diferentes tipos de personalidad en la población

Tipo de personalidad:	Porcentaje:
Administrador (ESTJ):	10 – 13%
Animador (ESTP):	6 – 10%
Artista (ISFP):	6 – 9%
Consejero (ENFJ):	3 – 5 %
Defensor (ESFJ):	10 – 13%
Director (ENTJ):	2 – 5%
Entusiasta (ENFP):	5 – 8%
Estratega (INTJ):	1 – 2%
Idealista (INFP):	1 – 4%
Innovador (ENTP):	3 – 5%
Inspector (ISTJ):	6 – 10%

Lógico (INTP):   2 – 3%
Mentor (INFJ):   aprox. 1%
Pragmático (ISTP):   6 – 9%
Presentador (ESFP):   8 – 13%
Protector (ISFJ):   8 – 12%

Porcentaje orientativo de mujeres y hombres entre las personas con un determinado tipo de personalidad

Tipo de personalidad:	Mujere/ hombres:
Administrador (ESTJ):	40% / 60%
Animador (ESTP):	40% / 60%
Artista (ISFP):	60% / 40%
Consejero (ENFJ):	80% / 20%
Defensor (ESFJ):	70% / 30%
Director (ENTJ):	30% / 70%
Entusiasta (ENFP):	60% / 40%
Estratega (INTJ):	20% / 80%
Idealista (INFP):	60% / 40%
Innovador (ENTP):	30% / 70%
Inspector (ISTJ):	40% / 60%
Lógico (INTP):	20% / 80%
Mentor (INFJ):	80% / 20%
Pragmático (ISTP):	40% / 60%
Presentador (ESFP):	60% / 40%
Protector (ISFJ):	70% / 30%

Bibliografía

- Arraj James, *Tracking the Elusive Human, Volume 2: An Advanced Guide to the Typological Worlds of C. G. Jung, W.H. Sheldon, Their Integration, and the Biochemical Typology of the Future*, Inner Growth Books, 1990.

- Arraj Tyra, Arraj James, *Tracking the Elusive Human, Volume 1: A Practical Guide to C.G. Jung's Psychological Types, W.H. Sheldon's Body and Temperament Types and Their Integration*, Inner Growth Books, 1988.

- Berens Linda V., Cooper Sue A., Ernst Linda K., Martin Charles R., Myers Steve, Nardi Dario, Pearman Roger R., Segal Marci, Smith Melissa A., *Quick Guide to the 16 Personality Types in Organizations: Understanding Personality Differences in the Workplace*, Telos Publications, 2002.

- Geier John G., Downey E. Dorothy, *Energetics of Personality*, Aristos Publishing House, 1989.

- Hunsaker Phillip L., Alessandra J. Anthony, *The Art of Managing People*, Simon and Schuster, 1986.

- Jung Carl Gustav, *Tipos psicológicos*, Trotta, 2013.

- Kise Jane A. G., Stark David, Krebs Hirsch Sandra, *LifeKeys: Discover Who You Are*, Bethany House, 2005.

- Kroeger Otto, Thuesen Janet, *Type Talk or How to Determine Your Personality Type and Change Your Life*, Delacorte Press, 1988.

- Lawrence Gordon, *Looking at Type and Learning Styles*, Center for Applications of Psychological Type, 1997.

- Lawrence Gordon, *People Types and Tiger Stripes*, Center for Applications of Psychological Type, 1993.

- Maddi Salvatore R., Personality Theories: *A Comparative Analysis*, Waveland, 2001.

- Martin Charles R., *Looking at Type: The Fundamentals Using Psychological Type To Understand and Appreciate Ourselves and Others*, Center for Applications of Psychological Type, 2001.

- Meier C.A., *Personality: The Individuation Process in the Light of C. G. Jung's Typology*, Daimon Verlag, 2007.

- Pearman Roger R., Albritton Sarah, *I'm Not Crazy, I'm Just Not You: The Real Meaning of the Sixteen Personality Types*, Davies-Black Publishing, 1997.

- Segal Marci, *Creativity and Personality Type: Tools for Understanding and Inspiring the Many Voices of Creativity*, Telos Publications, 2001.

- Sharp Daryl, *Personality Type: Jung's Model of Typology*, Inner City Books, 1987. Spoto Angelo, Jung's Typology in Perspective, Chiron Publications, 1995.

- Tannen Deborah, *Tú no me entiendes*, Círculo de lectores, 1992.

- Thomas Jay C., Segal Daniel L., *Comprehensive Handbook of Personality and Psychopathology*, Personality and Everyday Functioning, Wiley, 2005.

- Thomson Lenore, *Personality Type: An Owner's Manual*, Shambhala, 1998.

- Tieger Paul D., Barron-Tieger Barbara, *Just Your Type: Create the Relationship You've Always Wanted Using the Secrets of Personality Type*, Little, Brown and Company, 2000.

- Von Franz Marie-Louise, Hillman James, *Lectures on Jung's Typology*, Continuum International Publishing Group, 1971.

www.ingramcontent.com/pod-product-compliance
Lightning Source LLC
Chambersburg PA
CBHW031207020426
42333CB00013B/825